मैं से में तक

एक अनजान शायर का सफर

मनीक कुमार 'मंनु'

INDIA • SINGAPORE • MALAYSIA

To my parents, Sudesh and Amrit Lal for bringing
me in this World.

To my wife Aarti, and my children, Sidharth and
Vrinda for completing me.

कुछ आशार कुछ नगमे
कुछ मिसरे कुछ ग़ज़लें
शायर की दूकान में बिकते हैं ऐसे ही लम्हे
कुछ बहके कुछ क़दीम
कुछ दिलकश कुछ नमकीन
वक़्त की गर्भ में क़ैद है सारे ही लम्हे.......

मनीक कुमार 'मनु'
मुसल्सल.. ज़िंदगी की 'खोज में ...
ख़ुद को खोजने की कोशिश में लापता.....एक शायर

अनुक्रमणिका

शायर हूँ

शायर हूँ
रोज़ ही बुनता हूँ
कभी क़िस्से कभी रिश्ते..
तो कभी रिश्तों से क़िस्से सँवारता हूँ

चुराता हूँ लम्हों से ही लम्हे कभी
दरवाज़े के दरीचों से देखता हूँ...
सुनता हूँ ख़्वाहिशों में लिपटी खामोशी
तो कभी अश्कों के मोती पिरोता हूँ...

शायर हूँ
बारिशें सुखाता हूँ पहन लेता हूँ
बादलों में चेहरे बनाता हूँ
मिटाता हूँ फिर भूल जाता हूँ....
झूमती लहरों के बीच साहिल सजा के समंदर निगलता हूँ कभी
        तो कभी उन्हीं लहरों को ओढ़ के डूब जाता हूँ.....

शायर हूँ
माज़ी से उलझता हूँ कभी
तो कभी आईने से गुफ़्तगू करता हूँ
आशिक़ का अहसास बन जाता हूँ कभी
        तो कभी चाँद को रोटी समझ के खा लेता हूँ......

शायर हूँ
इश्क़ करता हूँ.......

ख्वाब

एक नयी सुबह की तलाश में
भटकता हूँ हर रात ख्वाबों से लदी रहगुज़ारों में..
चुनता हूँ कुछ तो मसलता हूँ कभी
उन सीले से ख्वाबों को पहनता हूँ कभी
एक नयी सुबह की तलाश में रोज़
कितने ही ख्वाबों से उलझता हूँ मैं.....

कभी कभी तो मिल जाते हैं
यूँ ही राह में पड़े हुए...
और कभी एक नन्हा सा ख्वाब नज़र आता है
लिपटा हुआ सिरहाने के तकिये से
तो कभी रोशनी में भी धुंधले से दिखाई देते हैं
ये ख्वाब ना जाने क्यों
हर नयी सुबह से पहले कुछ बहके बहके से दिखाई देते हैं.....

कुछ आँखों में नज़र आते हैं
तो कुछ होंठों पे ठहर जाते हैं
कुछ खामोश से रहते हैं
तो कुछ भीड़ में खो जाते हैं
यह शीशे से ख्वाब न जाने क्यों
एक हल्की सी आहट पे बिखर जाते हैं......

जीवन के इस कारोबार में
ख्वाब ही तो बिकते हैं हर बाज़ार में
कुछ इस्मत के भाव बिकते हैं
तो कुछ आंसुओं में रोज़ तुलते हैं
कुछ बिन बिके रह जाते हैं
तो कुछ बिक के भी रोज़ कराहते हैं
इन ख्वाबों की हकीकत ही कुछ ऐसी है
कि खुद तो आज़ाद रहते हैं
बंधे हुए से सब खरीदार नज़र आते है....

ना जाने इन रास्तों में कभी सन्नाटा क्यों नहीं होता
इन ख्वाबों के बिना क्यों
कुछ भी गवारा नहीं होता
आओ दफ़्न कर दें इन्हें हम कहीं
आज़ाद तभी तो रह पायेगी हर सुबह नयी

नाराज़

मेरा शहर आज मुझ से कुछ नाराज़ सा क्यों है
हाथों में हाथ तो है मगर दिलों में तकरार सा क्यों है

गलियों की नुक्कड़ पे कभी जो क़सीदे पहने घूमते थे
उनकी जुबान पे लगा आज कोई इलज़ाम सा क्यों है

जिस घर की चौखट पे कभी रिश्तों की महफ़िल सजती थी
उस आँगन की बिखरी दीवारों पर आज ओहदों का वीरान सा क्यों है

सपनों से उजली रातों में छत पे कभी तारे टहला करते थे
उस महताब की रूपहली चांदनी आज नाशाद सी क्यों है

मेहमानों के आने की ख़ातिर तब हम बिस्तर को नीचे बिछाते थे
आज वही बिस्तर किसी किवाड़ में गिरफ्तार सा क्यों है

मेरी नादानियाँ भी कभी फुर्सत का लिबास पहने घूमती थी
वही बेनियाज़ बचपन आज उम्मीदों का गुलाम सा क्यों है

नाशाद means sadness
बेनियाज़ means carefree

चेहरे

कितने चेहरे उगाये हैं मैंने इतने सालों में
हूँ इसी कश्मकश में, कि किसको पहनू, रखूं किसे मैं आईने में..

तुम से मिलता हूँ तो पहनता हूँ बस एक ही चेहरा
जाने क्या कशिश है तेरी इबादत में..

एक ही सवाल पूछता है हर चेहरा मुझसे
कब मिलेंगी साँसें हम को हट के तेरी साँसों से..

हिज्र के मौसम में मिलता हूँ जब रकीबों से
पहन लेता हूँ चेहरा अपने महबूब का मैं..

मैं जानता हूँ कि रूठ जाएँगे यह सब मुझसे
फिर भी शामिल हूँ क्यों हर एक दौड़ में मैं..

खामोश रहता हूँ जब मैं तन्हाई के आलम में
आईने में भी क्यों ख़ाली नज़र आता हूँ मैं....

काश

काश ऐसा भी कभी हो जाये
हुस्न तेरा हम्माद हो जाये
ज़ुबान मेरी अलीम हो जाये
आँखें निसार कर दूं तुझ पे
अँधेरा राजदार हो जाये....

काश ऐसा भी कभी हो जाये
गुनाह अज़ीम कोई हो जाये
क़त्ल मेरा ख़िरद हो जाये
मंजिलें फना कर दूँ तुझ पे
दीवानगी नसीब हो जाये....

काश ऐसा भी कभी हो जाये
हल्की सी हँसी अता हो जाये
लबों का फुर्सत लिबास हो जाये
महफिलें रोशन जमाल कर दे सारी
तन्हाई बेनकाब हो जाये....

काश ऐसा भी कभी हो जाये
रात मेरी ज़मीन हो जाये
शमा आफ़ताब हो जाये
शब्दों में रंग भर दे ऐसे
नग़मे मेरे दुआ हो जाएँ....

काश ऐसा भी कभी हो जाये
दिल मेरा समंदर हो जाये
आरजुयें कलंदर हो जाये
चलते चलते राह पर तेरी
ख़ाक मेरा वजूद हो जाये......

हम्माद means god-like praiseworthy
अलीम means all-knowing one
ख़िरद means intellect, rational

चाँद

रात तारों की चादर ओढ़े रोज़ सफ़र करती है
कभी आधा कभी पूरा
कभी लुप्त कभी बे-दार
मोम सा पिघलता ये चाँद
संग ही चलता है बंधे हुए किसी रिश्ते की तरह......

माँ की लोरी का आँगन है
तो महबूब के हाथों का कंगन है कभी
हर ख्वाब की ताबीर है
तो बद-ख़्वाबी का सहारा है कभी
ये ज़र्द सा चाँद हर रंग में दिल-कश नज़र आता है.....

शायर की भीगी हुए पलकों की रौशनी
तो कभी आशिक के बहके हुए ख्वाबों का आईना
डोली में बैठी दुल्हन के माथे की रौनक
तो कभी छलकते हुए पैमानों में ठहरी वो सूरत
कितने ही ख्वाब संजोयें ये चाँद क्यों कभी खाली सा नज़र आता है.....

बादलों का चिलमन ओढ़े आँखों की गोटी
पानी मे ठहरा चाँद भूखे की एक रोटी
डूबते सूरज में ही मिलती है ज़िन्दगी जिसको
उन सहमी हुए नब्ज़ों का ठिकाना है कभी
ये आधा सा चाँद क्यों कभी धुँधला सा नज़र आता है........

लम्हा

यह उस शाम की ही तो बात है
शम्स भी छुपने पे था
हवा में जोर कुछ कम सा था
मैं भी घर को चलने पे था
थके हुए क़दमों में मेरे
अजब सा एक गिराँ था

कुछ परिंदे भी उस रोज़
मेरे संग हो लिए
उनकी परवाज में
अजब सा एक अंदाज था
मैं भी ख्यालों की भीड़ में
उलझा बेकरार था

चलते चलते एक लम्हा
आके मुझ से लिपट गया
ख्यालों की भीड़ से निकाल
मुझसे वह कहने लगा
क्या रोज़ यही करते हो तुम?
शोर यही सुनते हो तुम?
इस सफ़र को रोज़ यूँ ही
क्या बसर करते हो तुम?
क़ैद रहते हो क्या यूँ ही तुम
ख्वाबों की तस्वीर में?

चौंक के मैं वहीं थम गया
क्या जवाब दूँ उसे
मैं इसी कश्मकश में था
साँसें मेरी कुछ तेज़ थी
माथे पे बूँदें अनेक थी
लबों पे सूखी प्यास थी

तभी कुछ अजब हुआ
उड़ता उड़ता एक परिंदा
कंधे पे आ मेरे बैठ गया
लिपटे हुए उस लम्हे की, आँखों में देख कहने लगा
सवाल मुझ से जो करते यही, मैं तो बस कहता यही

ज़िन्दगी की आड़ में
सफ़र तो मैं भी करता हूँ
उड़ता हूँ उतना ही जितना रूह मेरी बतलाती है
आकाश के कैनवस पे बिखरे
ख्वाबों में रंग तो मैं भी भरता हूँ
आज़ाद रहूँ इस लिए रोज़ कैनवस बदलता हूँ

कह के ये सब बातें वह
लम्हा मुझ से छिटक गया
परिंदे के परों पे बैठ
संग उसी के वो उड़ गया
थमी हुई माथे की वह बूँदें
टपक के लबों पे ठहर गयी
नमकीन सी उन बूंदों में
अजब सी इक मिठास थी

प्यास मेरी कम होते देख
कदम मेरे फिर उठने लगे
हल्की हल्की चाप से
घर को फिर मुड़ने लगे
महताब की बिखरी चांदनी में
साया मेरा भी खिल उठा
आज़ाद सा मैं भी
संग अपने क़दमों के
घर की तरफ चल पड़ा ....

शम्स means sun
गिराँ means heaviness

त्रिवेणी

मुस्कुराना छोड़ के लबों को क्या पहनाऊँ मैं
हसरतों से लदे आस्तीन को क्या इत्र लगाऊं मैं
मिला हूँ मुद्दतों बाद आज फिर ज़िन्दगी से मैं

महफ़िल में रोशन शमा को आँधियों की पनाह मिले
ख़याबाँ में बिखरे काँटों को गुलों का लिबास मिले
फुर्सत भरे कुछ लम्हों से आज फिर मिला हूँ मैं

ताश के बावन पत्तों में चंद शहरयार चंद गुलाम
तारों की बारात में चाँद नज़र आये गिरफ्तार
चंद रोज़ से बस आईने ही पहन रहा हूँ मैं

महबूब के आँचल पे छपे ग़ज़लों के सुख़न हैं
कहने को तो ग़ालिब के अन्दाज़-ए-बयान अलग हैं
कुछ बरसों से शायर सा बना घूम रहा हूँ मैं

ख़याबाँ means garden or flower bed
शहरयार means king, sovereign
सुख़न means words

कज़ा

ज़िन्दगी में आज पहली बार कज़ा देखी है
उसकी आँखों में जीने की चाह देखी है

मैं कौन हूँ है क्या वजूद मेरा
आफ़ताब की पेशानी पे इक शमा सुलगती देखी है

आँखों में तो सजाता हूँ सपने कल के
पर शबनम के कतरे सी उम्र पायी है

छलकती आँखों में कितने ही सवाल ठहरे हैं
उसकी जुबान क्यों मगर बंद देखी है

जी तो चाहता है कि ये सफ़र यूँ ही चलता रहे
रुखसती में क्या उलफ़त भी कभी काम आयी है

कज़ा means death

सावन

चीर बादलों का सीना
क्या साहिल क्या सफ़ीना
छम से जो बरसी
बारिश की वो बूँदें कुछ नया सा कर गयी
मेरे आँगन के पेड़ों पे नए आशियाने धर गयी

कबूतरों की बारात या
कोयल की बानी
मोरों की आजाने या
आम कुतरते तोतों की ज़बानी
बारिश की वो बूँदें कुछ नया सा कह गयी
महफ़िल में जो ना सुना वो तन्हाई में कह गयी

पत्तों पे ओस का मरहम या
गलियों में बहता संगम
कहीं काग़ज़ की नाव बहे या
एहसासों की सरगम
बारिश की वो बूँदें कुछ ऐसा सा कर गयी
किसी को दीवाना तो किसी को शायर कर गयी

किसी का भीगा आँगन तो
किसी का भीगा दामन
किसी ने पहनी पायल तो
किसी ने तोड़े बंधन
सावन की वो बूँदें क्या जादू सा कर गयी
हर कफ़स को जिंदा और रूह को आज़ाद कर गयी

कफ़स means trapped body

एक ग़ज़ल

कब से हूँ इस जहाँ में नहीं जानता हूँ मैं
ख़्वाबों की हकीकत में कोई उम्र नहीं होती

हर बस्ती में, हर शहर में वो ख़ाक जो बिखरी है
मर के जलने वालों की कोई ज़ात नहीं होती

ये ज़िन्दगी भी गुलाब की एक डाल के जैसी है
कट के भी जो खुशबू से कभी जुदा नहीं होती

हम तो हर इक फूल को माला में पिरो के रखते
महफ़िल में उसके आने की मगर कोई बात ही नहीं होती

यादों के चिराग़ों को जो सदा जलाये हुए रखते हैं
उनके गुलिस्ताँ में कभी रात नहीं होती

हम तो हर इक आंसू को मोती ही समझ के रखते
बेरहम आसमान से मगर बरसात ही नहीं होती

मिसरा ग़ालिब का हो या ग़ज़ल हो मीर की
शायर के दिल में कभी दर्द की कमी नहीं होती

शख़्स

मेरी हसरतों के आईने में ये कौन सा शख़्स रहता है
आँखों में जिसकी खंजर और रूह में मलाल रहता है

महफ़िल में जिसकी बस ख़िताब ही ताज पहनते है
कौन है वो शख़्स जिसकी बातों में रुआब रहता है

राह पे बिखरे फूलों के दामन में ग़म भी है ख़ुशी भी
कौन है वो शख़्स जो हर पल में बेक़रार रहता है

बुतों पे पोशाकें चाहता है तो कभी मस्जिद में चादरें
कौन है वो शख़्स जो खुद बे-हिजाब रहता है

ना चाहतों का असर होता है ना रिश्तों का दम वो भरता है
कौन है वो शख़्स जो ख़्वाबों में खोया रहता है

कितने पैरहन बेच कर मिलती है इंसानी ज़िंदगी
कौन है वो शख़्स जिसको ना कोई हिसाब रहता है

मौत का मंज़र

आज मुकम्मल हुआ ज़िन्दगी का वो सफ़र
आज फिर महफ़िल से शमा बेपनाह निकली

कट के गिरा वो अक्स कहीं तो टूट के बरसा सावन कहीं
आज फिर वह उस आँगन से दीवाना-वार निकली

रोज़ ही निकलता था बेनकाब जिस गली से मैं
आज वही गली ओढ़े नए हिजाब निकली

सफ़ेदी में लिपटा था फूलों में उलझा था
आज फिर मेरे जिस्म की बारात निकली

सजदे में झुके सरों की आँखें ना उठ सकी
जब वह उस शहर से बे-पर्दा बेनकाब निकली

उम्र दराज़ हो तेरी ऐ ज़िन्दगी के चाहने वाले
मैं तो तोड़ के हर बंधन हर दीवार निकली

रेत पे निशाँ

क्यों नहीं करते हो तुम आँखों से ही बातें
ज़बान जो फिसले तो संभलती कहाँ है

किताबों के पन्नों को जला क्यों नहीं देते
शब्दों में माने संभलते कहाँ हैं

मुकाम हो हासिल या मंजिल तक पहुंचे
नब्ज़ में साँसें ठहरती कहाँ हैं

चाँद और तारे रात के मेहमान हैं सारे
आईने में चेहरे ठहरते कहाँ हैं

किस की तलाश में भटकते हो ए वाइज़
मैखाने में मोमिन ठहरते कहाँ हैं

कितने नकाब पहनने हैं और अभी
रेत पे निशाँ ठहरते कहाँ हैं

वाइज़ means preacher, adviser
मोमिन means believer

कुछ अल्फ़ाज़

आज कुछ तेज़ है सासें
खुली हैं अर्श को बाहें
दीदार तेरे की आमद में
बिछी हैं फर्श पे आँखें

शाख़ों ने तिश्नगी छोड़ी
पतों ने ओस है ओढ़ी
मुस्कुराने की चाहत में
मैंने हर मा'बद है तोड़ी

कितने राज़ हूँ पहने
कितने ही नाम हूँ पहने
वस्ल-ए-क़यामत की आमद में
शीशे के ख़्वाब हूँ पहने

राह ने मंजिल है पहनी
फूलों ने चुभन है ओढ़ी
तुझ तक पहुँचने की चाहत में
रूह ने साँसें हैं ओढ़ी

आँगन से जुड़े यह सब रिश्ते
चलते हैं साँसों के रस्ते
पहनेगा कब तक ए वाइज़
अँधेरे ख़्वाबों के बसते

बुतों को बाँध मत रखो
रूह आज़ाद तुम रखो
लिबास फुर्सत के तुम पहनो
तरन्नुम में गीत कोई गाओ

मा'बद means place of worship

शायद

मैंने भी देखा है उसे
कभी तनहा सा लटके हुए
पेड़ों की झूलती शाख़ों पर
कभी माँ के आँचल से लिपटे हुए
जीने से बेसुध सोते हुए...

कभी देखा है उसको तितलियों संग उड़ते हुए
तो कभी काँटों से भी रस चुराते हुए देखा है उसे
कुछ पाने को ललचाते हुए देखा है कभी
तो कभी झुर्रियों में भी मुस्कुराते हुए देखा है उसे....

कभी कभी तो देखा है उसको
दीवारों से लिपटा रोते हुए
और कभी देखा है उसको
सावन में भी आंसू बहाते हुए.....

देखता हूँ उसको कभी मैं
सर्दी में ठिठुरते फुटपाथ पे बिखरे हुए
और कभी देखा है उसको
मखमली बिस्तर पे नींद को आवाज़ लगाते हुए......

ऊँची इमारतों में भी कभी कभी
क़ैदी सा नज़र आता है वो
और मिट्टी से सने झोपड़ों में कभी
झूमता और गाता नज़र आता है वो

कभी ज़रीन की ज़ंजीर से लटका हुआ भगवान है
तो कभी तावीज़ में बंधा हुआ माँ का एतबार है
चिलमन से ढकी आँखों का काजल है कभी
तो नज़र से जो बचाए वो माथे का टीका है कभी

दिख जाता है कभी कभी
मंदिर को जाती सीढ़ियों पर बैठे हुए
और कभी होते हुए भी दिखता नहीं है
राह तकती माँ के सीले से दामन पर

मैंने भी देखा है उसे..... शायद

हौसला

मौत की तन्हाई कब से दस्तक की प्यासी है
क्या थोड़ी ज़िन्दगी कहीं मुझ में अब भी बाक़ी है

बाज़ार में आज फिर लटका हूँ बिकने की ख़ातिर
क्या किसी की आँखों में अब भी इजाज़ बाक़ी है

ख़ाली हाथ सफ़ेद चेहरे रगों में ख़ून नहीं है पानी
क्या चलते फिरते बुतों में बन्दगी अब भी बाक़ी है

मुमकिन है कि हर अफसाने में ज़िक्र हो तेरा
मेरी आवाज़ भी अब मुझे कहाँ सुनायी देती है

ख़ुद को देखा भी ना था जी भर के अभी
सावन के झूलों में बहार आनी थी अभी
मैं तो जा चुकी इस परी-जहाँ से कब की
क्या तुम में लड़ने का हौसला अब भी बाक़ी है

इजाज़ means magnanimity

मशगूल

ज़िन्दगी में इतना मशगूल हुए, जीना ही भूल गए
जिस मतले में ज़िक्र है तेरा, कहना ही भूल गए

आँखों में मोती होंठों पे हँसीं, रखना ही भूल गए
दर्द में छिपी मिठास को, चखना ही भूल गए

मंज़िल पे निशान है सबका, रास्ता ही भूल गए
हर पत्थर पे साफ़ लिखा था, पढ़ना ही भूल गए

पानी पे काग़ज़ की नाव, चलाना ही भूल गए
गोटियों के संग दोस्ती, निभाना ही भूल गए

दिल में लिए ग़म ज़माने का, चाहत ही भूल गए
ख़त लिखूँ या यूँ ही कह दूँ उनसे, वो अदा ही भूल गए

कभी उसमें ढूँढते थे ख़ुदा, जो ख़ुद को भूल गए
आज ख़ुद को ढूँढते ढूँढते, ख़ुदा को ही भूल गए

गिरफ़्तार

सुबह की सैर को आज कल कम ही निकलता हूँ
या तो ग़म छुपाता हूँ या ख़ुशियों को नज़र से बचाता हूँ

कितने नक़ाब अभी और बदलने बाक़ी है
इसीलिए हर महफ़िल में आईने ही पहने घूमता हूँ

नींद भी आज कल कुछ कम ही आती है
ख़्वाबों में भी इसलिए मुजरिम सा गिरफ़्तार रहता हूँ

चाह कर भी आज कल मुस्कुरा नहीं पाता हूँ
दिल-ए-आफ़ताब पे दिमाग-ए-हुस्न का परचम लहराये बैठा हूँ

जिन से उम्मीदें थी वही आज जुल्फ़ें बिखराए बैठे हैं
सर कट जाए मेरा बस इसी इंतज़ार में रहता हूँ

मेरी हिम्मत की आज कुछ तो दाद हासिल हो
बंद दरवाज़ों के पीछे भी मख़मल के परदे सजाए बैठा हूँ

बचपन

चाँद सितारों को फिर मैंने आज पन्नों पे उतारा है
खोये हुए बचपन को आज अपने हाथों से सवारा है

मक्की की रोटी पे घी और शक्कर का ज़ायक़ा
माँ की ममता को आज फिर अपनी जिह्वा पे उतारा है

कंचो की खन खन हो, या गिल्ली पे डंडे की चोट
मिट्टी की खुशबू से आज फिर गिरेबान सवारा है

रात में सपनों से डर कर पापा की बाजू को पकड़ना
उन कन्धों की ताक़त को आज फिर अपने संग पाया है

चारपाई की छत के नीचे गुड्डे और गुड़िया की शादी
उस पायल की छन छन को फिर अपने पैरों में उतारा है

वो आवाज़ों की भीड़ में खोये रहना कल के सपनों में
उस मौसम की तन्हाई को फिर आज अपने आँगन में उतारा है

ख्वाबों की ताबीर

मुझे मेरे ख्वाबों की ताबीर मिले न मिले
मुझे मेरे हौसलों की जागीर मिले ना मिले
मेरे हिस्से की धूप मुझे मिलती रहे
मेरी रातों को चांदनी सहलाती रहे

तेरे एहसास की बूँदें बरसती तो हैं
तेरी जिस्म की खुशबू महकती तो है
तेरे सजदे में सर मेरा झुकता रहे
बंद पलकों में चेहरा तेरा खिलता रहे

हर शहर में तन्हाइयों का शोर है बहुत
हर चमन में गुलों को गुरूर है बहुत
मेरी खामोशियों पे रहमत तेरी बनी रहे
तेरी ज़मीन से दोस्ती मेरी बनी रहे

गिरेबान में सिलवटों को छुपाते हैं बहुत
चेहरे की झुर्रियों से घबराते हैं बहुत
हर अँधेरे में शमा तेरी जलती रहे
हर आईने से निजात मुझे मिलती रहे

सफ़र

मेरा नसीब कब कहाँ ले जायेगा मुझ को
ना तो एहसास रखता हूँ ना कुछ महसूस करता हूँ।

वो जो हर रोज़ मुझ से आईने में मिला करता था
ना जाने उसे ज़िंदगी के किस मोड़ पे छोड़ आया हूँ।

तरतीब से सज़ा के रखे थे जिसके लिए सारे
वो ख़त ना जाने किसकी मज़ार पे छोड़ आया हूँ।

उसकी हँसी में वो जो सादगी की उलझने थी
मेरे महबूब को मैं किताब के पन्नों से जोड़ आया हूँ।

रह रह कर उठता है इक सवाल सा ज़हन में
बचपन को जवानी के किस मोड़ पे छोड़ आया हूँ।

तारीख़ से तारीख़ तक कितने ही सफ़र तय कर के
मंज़िल को अपने मक़ाम पे छोड़ आया हूँ।

जीते हैं

एक जशन से जो शुरू हुई
हो ख़्वाहिशों में दफ़्न रही
उधार की इस ज़िंदगी को
चल बाँट जीते हैं

हर नाम में छुपे ओहदे की तामील में
गुज़र रहे इस शख़्स को
चल काट जीते हैं

मेरे पहलू में जो छुप के बैठा है
अहम के इस किरदार को
चल दफ़्न कर के जीते हैं

ख़्वाबों भरी आँखों में जो ठहरा सा रहता है
बूँदों से जन्मे उस मोती को
चल पहन के जीते हैं

तेरे शानें पे सुबह से जो जम के बैठा है
सूखे सहमे से उस लम्हे को
चल भूल के जीते हैं

रुमानी

वो पर्चे पे लिख के रुमानी शायरों की नज़्में
भेजना तुम को ख़त में याद आता है...

वो फूलों की पत्तियाँ, वो तीन लफ़्ज़ों के पर्चों को
किताब के पन्नों में दबा के रखना याद आता है...

वो एक झलक तेरी पाने की ख़ातिर
हर वीक एण्ड पे घर चले आना याद आता है...

तेरे एहसास को ख़ुद में महसूस करने की ख़ातिर
रात भर चाँद को निहारना याद आता है...

तुझ से मिलने पे क्या कहूँगा मैं तुझसे
घंटों ख़ुद से ही गुफ़्तगू करना याद आता है...

तुम को शब्दों में पिरो के रखने की ख़ातिर
हर रात तारों की महफ़िल में जगना याद आता है...

जो कह ना सका था तुम को सामने भी पा कर
वो कैसेट के गीतों से तुम को कहना याद आता है...

आज जब पास हूँ तेरे तो शब्द भी सारे थम से गए हैं
मुस्कुरा के हसीन होंठों से
मेरे माज़ी को फिर से ज़िंदा कर दो......
आग़ोश में ले लो अपनी
मेरे एहसास को मुकम्मल कर दो.....

जिंदा हो तुम?

यह तन्हाई के लम्हे भी
कुछ नये तजुरबे लाते हैं
शमा के रोशन होते ही
आईने गुम हो जाते हैं

आज खुद को खुद के सामने पा कर
आईने की तस्वीर बना कर
पूछा था मैंने क्या जिंदा हो तुम?

जन्म लिया था जब धरती पर
जन्म लिया था कब धरती पर
पूछा था मैंने क्या जिंदा हो तुम?

पत्थर की मूरत सा सज कर
मूक होंठों से लफ्जों को चख़ कर
पूछा था मैंने क्या जिंदा हो तुम?

चाहत की हर शै कर हासिल
हर महफ़िल में खुद को कर शामिल
पूछा था मैंने क्या जिंदा हो तुम?

माथे की बूंदों को सुखा कर
चेहरे की झुर्रियों को छुपा कर
पूछा था मैंने क्या जिंदा हो तुम?

हर पल पल को बदल बदल कर
हर पल पल में बदल बदल कर
पूछा था मैंने क्या जिंदा हो तुम?

नाम के संग ओहदों को सजा कर
काग़ज़ की नाव पे लंगर को लगा कर
पूछा था मैंने क्या जिंदा हो तुम?

मुल्तजी

मैं जल गया हूँ तो क्या ख़ाक बचा होगा मुझमें
उस राख से मेरे घर का पता पूछते हो क्यों

किसी आँगन में बिखरूँगा या समंदर से लिपटूँगा
उन बौछारों से बादल का पता पूछते हो क्यों

हर पंक्ति में रहता हूँ किसी वाज़िह ओहदे की तरह
उस मिसरे से भटकती हुई ग़ज़ल का सबब पूछते हो क्यों

मैंने जन्म तो लिया था मुक़द्दस कुछ पाने की ख़ातिर
हर उस राह से मंज़िल की ख़बर पूछते हो क्यों

कदा-ख़ार घूमता हूँ यूँ ही खुदी में डूबा हुआ
इस बियाबान में मयकदे का पता पूछते हो क्यों

दरवाज़े पे आया है कोई हाथ में कासा उठाए हुए
जो मुल्तजी हो ख़ुद तो ठिकानों का पता पूछते हो क्यों

नाम गुम जाएगा तेरा ख़ालिक़ के दश्त-ए-ख़ास में कहीं
दफ़्न होने से पहले शबिस्तान का पता पूछते हो क्यों

मुल्तजी means refugee
वाज़ीह means Handsome

इतवार का दिन

चाँद का सफ़र ख़त्म करके
सुबह ने अंगड़ाई ली थी अभी
सर्द रात का असर अब भी
ओस की बूँदों में कहीं ठिठुर रहा था
मैं भी धीरे धीरे
हल्के हल्के चलती उन थकी साँसों में
चुपके से
कुछ आहट के मोती पिरो रहा था
नींद में उलझा बिस्तर मुझ को
रंजिश में डूबा ताक रहा था
धुँधली आँखों में मेरी अब भी
जागी सी रात के निशान कुछ बाक़ी थे
मेरे उठते क़दमों में भी कहीं
बीते दिनों की जुंबिश का असर नुमायाँ था
इतने सालों के बाद वो आया था
कोई इतवार का दिन था शायद......
सोचा था मैंने कि आज नहीं भागेंगे हम
बिस्तर धूप में बिछा कर बस ख़ुद को ही ताकेंगे हम
ख़यालों की उलझी भीड़ से हट कर
सेंकेंगे जाड़े में सिकुड़ता सूरज
औंधे मुँह चटायी पे बस यूँ ही पड़े रहेंगे, कुछ थके से
रात ना आए भागी सी
इसलिए बस जागेंगे हम
सुबह से शाम का सफ़र कुछ सालों में तय पाएँगे हम.......

मनीक कुमार **43**

यही सोच को पहने हुए

किवाड़ के आँचल को दरवाज़े से हटा कर

रुकते उठते क़दमों से चल कर

पहुँच गया घर के आँगन तक

फूलों में काँटों से उलझे लम्हे

ताड़ रहे थे मेरे चेहरे के

हर पल बदलते हाव भाव को

बेख़बर उनकी नज़रों से

मैं भी ठहर गया वहीं

जमा किए एहसास जितने थे

सवाल बन के सब बहने लगे

ख़ाली गुज़ारोगे दिन क्या ये तुम, ना चलोगे ना ही क्या भागोगे तुम,

कितनी देर जागोगे तुम?

अगर रोज़ नहीं चला तो क्या थम जाऊँगा,

सोया नहीं तो क्या मर जाऊँगा

इस तकरार ने मुझ को धर ही लिया,

ख़याल मुझे फिर सताने लगे

मेरे माज़ी को उकसाने लगे

मैं भी कल और कल से सहमा

बेसुध सा फिर चलने लगा

चलते चलते दामन मेरा

काँटों में जा कर उलझ गया

तरस खाकर उन काँटों ने

मेरे दामन को तार किया

कल से कल की झड़प मिटा कर

फूलों को सब कुछ नज़र किया

दामन मेरे के टुकड़े वो सारे

जा कर फूलों से लिपट गए

हँसते फूलों की उस बगिया में
माज़ी मेरा अब दफ़्न हुआ
मैं भी धरती के आँचल को ओढ़े
औंधे मुँह कर सिमट गया।

ख़्वाहिश

रात भर आँखों में कुछ लम्हे यूँ ही चुभते रहे
सपनों में भी ख़्वाहिशों के तीर जब चलते रहे

साँसों को डुबो के इत्र में मोहब्बत तो हम करते रहे
रूह के आईने में जब तक उस शख़्स को हम तकते रहे

मेरी निदा में एक सुर था कुछ लफ़्ज़ थे
लफ़्ज़ों में ग़ज़लों का एतबार था
जब जब उसकी आग़ोश में हम सर रख कर कहते रहे

ना दिन ने ही नवाज़ा मुझे ना रात ने ही पहलू दिया
उस शाम की तरह जब तक हम ज़िन्दगी को बसर करते रहे

खाली से उस जाम को कभी भरते रहे कभी तकते रहे
रकीब की उस महफ़िल में खुद से ही हम छुपते रहे

सौदा

आओ आज ज़िन्दगी का सौदा करें
साँसों का आंसुओं से रिश्ता नया पैदा करें

मौत की आग़ोश में मेरा तसव्वुर कब से क़ैद बैठा है
आओ इसे पंखों का एक जामा नया तोहफ़ा करें

मंज़िल की तलाश में भटकते हुए उस राही को
बागों में खेलती तितलियों से निसबत का एक वादा करें

तावीज़ में बांध रखा है मैंने नायाब से जिस ख़्वाब को
खुली हुई आँखों से आओ हर एक रात का सजदा करें

होंठों तक आते आते उसका ज़ायक़ा सारा जाता रहा
ज़िन्दगी की आड़ में जिस फल को हम उम्र भर तकते रहे

रूठ कर जा बैठी है किसी अजनबी की मज़ार पे
रात भर जिस शाख़ को हम फूलों से ही ढकते रहे

निसबत means closeness, affinity

कफ़स

जलती हांडी देख कर सब रोयें वो मुसकाए
हाड़ मांस की बाँसुरी से जब स्वर दिये चटकाये

जितनी राखी राम ने हँसी ख़ुशी कट जाए
कफ़स जो भोगे अंत में फिर कफ़स ही फूँका जाए

जब जब देखूँ आँख से सब साथ साथ दिख जाए
जब आँखें हों बंद तो फिर साथ ही साथ ना आये

सफ़र ये तब तक कठिन है जब और कोई कर जाए
वो जब साथ है सफ़र में हर राह आसान हो जाए

उसकी तलाश में निकला हूँ अब कोई मुझे ना उठाये
जीवन यह एक स्वप्न है सब देखें फिर सो जाएँ

कफ़स means body

दीवाना

ए मेरे यारों मुझे दीवाना न समझो
मैं तो उसकी गली से वाकिफ ही हो रहा हूँ जरा.....

दो कदम ही तो चला था
कि तुमने पत्थर उठा लिया
अभी सजदे में सर झुका ही था
कि तुमने चिलमन गिरा दिया
जुबान पे तो अभी नाम भी ना आया था
तुमने वह ख़ंजर क्यों नज़रों से उठा लिया
             ए मेरे यारों मुझे दीवाना न समझो
             मैं तो उसकी गली से वाकिफ ही हो रहा हूँ जरा....

यूँ भी कोई क्या भँवरे को
दूर रखेगा फूलों के आँगन से
सूरज की किरणों को कोई कब तक
बांध रखेगा यूँ बादल में
सावन की बूंदों को क्या कोई
रोक सकेगा पलकों के आँचल में
तुमने क्यों उस आँगन को यारों
नफरत में है बाँध दिया
             ए मेरे यारों मुझे दीवाना न समझो
             मैं तो उसकी गली से वाकिफ ही हो रहा हूँ जरा....

पूछ के देखो तुम पंछी से
क्या आनंद परवाज में है
पेड़ों की शाखों से पूछो
क्या सुकून आदाब में है
जाते हुए राही की प्यास से पूछो
क्या मज़ा छलकती उस आँख में है
चाहे लाख छुपा लो उसको पर्दों में
वह तो ज़ाहिर हो जायेगा
    ए मेरे यारों मुझे दीवाना न समझो
    मैं तो उसकी गली से वाकिफ ही हो रहा हूँ जरा....

यारों मंजिल किस ने देखी है
तुम लहरों को यूँ ही बहने दो
नाम मत पूछो तुम उस बादल का
हर आँगन में उसको मचलने दो
उसकी मय पे हक़ सबका एक सा है
उसकी रज़ा में ही सब कुछ रहने दो
मत बांधों उसको मंदिर में
आज़ाद करो उसको मस्जिद से
रूहे-पाक को तुम यूँ ही
बिन बंधन के बहने दो
    ए मेरे यारों मुझे दीवाना न समझो
    मैं तो उसकी गली से वाकिफ ही हो रहा हूँ जरा.....

आज़ाद

कितने आज़ाद हैं हम
तिरंगी परवाज़ हैं हम
सत्तर से ऊपर हैं लेकिन
जवान अंदाज़ हैं हम

बुझती आँखों के सपने हैं
चलती साँसों की प्यास हैं हम
जब कोई आवाज़ देता है
तो मुस्कुराते साज़ हैं हम

उगते सूरज की किरने हैं
तो कभी महताब हैं हम
पेड़ों पे झूलती पींगें हैं
तो कभी लहरों पे सवार हैं हम

खेतों की मिट्टी हैं कभी
तो कभी सरहद के सरदार हैं हम
गिरते की लाठी हैं कभी
तो कभी तलवार हैं हम

महावीर की धरती हैं हम
बुध के अवतार हैं हम
नानक की बानी हैं हम
मोहम्मद की अज़ान हैं हम

रिश्तों की डोरी से बंधी
पतंगों का आकाश हैं हम
कभी दादा के पोते हैं
तो कभी महबूब का अंदाज़ हैं हम

सावन की फुहार हैं हम
गलियों में बहता प्यार हैं हम
सरयू के केवट हैं कभी तो
शबरी का सत्कार हैं हम

ग़ालिब की ग़ज़लों के मिसरे
तानसेन के राग हैं हम
बंकिम का हैं गीत कभी
तो कभी टैगोर का गान हैं हम

हाथों की मेहँदी हैं कभी
तो कभी लोहे से फौलाद हैं हम
माँ की ममता का आँचल हैं
तो कभी झाँसी की ललकार हैं हम

गगनचुंबी इमारत हैं कभी
तो कभी राशन की कतार हैं हम
रहते हों कहीं भी लेकिन
करते सब से प्यार हैं हम

नहीं मिलता

खुद में ढूँढता हूँ ख़ामियाँ तो कभी खुल के हँस लेता हूँ
किससे मुख़ातिब करूँ मैं खुद को वह ख़िताब नहीं मिलता

ख़्वाबों से इस शहर में हर एक ख़्वाब तनहा है
बेशुमार आदमी हैं यहाँ मगर कोई इंसान नहीं मिलता

दिल के आईने में इक मूरत कब से तराश रखी है
मोहब्बत के मौसम में भी मगर दीदार-ए-यार नहीं मिलता

रक़्स-ए-महफ़िल में कोई राज़दार है ना रक़ीब है कोई
बज़्मे मौसीक़ी तो है मगर सुकून-ए-साज नहीं मिलता

चंद रोज़ में निकल जाऊँगा दुनिया-ए-मगरूर से मैं
तैयार तो हूँ मगर हरदम तैयार नहीं मिलता

जानता हूँ कि मेरा ख़िरद ही मेरा मुंसिफ़ है
किससे क़त्ल करूँ इसे वह हथियार नहीं मिलता

ज़रूरत क्या है

ग़ज़लों की महफ़िल सजी हो और तुम आ जाओ
तो लगता है यूँ के भूला सा कोई मतला फिर से याद आ गया

चलना है तेरे संग मोहब्बत करता हूँ तुझ से
बे सबब शहर को बताने की ज़रूरत क्या है

रंग पहने हूँ गुलाल कुछ रूह पे भी लगाया है
बे सबब आरज़ुओं को छिपाने की ज़रूरत क्या है

आज़ाद हूँ ख़्याल मेरा मुझ से इत्तफ़ाक़ रखता है
बे सबब महफ़िलों में जाने की ज़रूरत क्या है

तेरा आसमाँ कल मेरे समंदर के बहुत क़रीब था
बे सबब साहिल पे डूबने की ज़रूरत क्या है

तू नाम है मैं ओहदों में नाम ढूँढता हूँ अब भी
बे सबब बहस में उलझने की ज़रूरत क्या है

बाक़ी है

आज रात जो मिला था तुम से ख़्वाबों के किनारे किनारे कहीं
उन हसीन लम्हों की ख़ुशबू मेरे जिस्म में अब भी बाक़ी है

दिन और रात की कश्मकश में उलझी रहती है जो सदा
ज़िंदगी की उस शाम में कुछ साँसें अब भी बाक़ी है

मैंने तो तय पाया था कि तुझ को चाहूँगा उम्र भर यूँ ही
महफ़िल में जल रही उस शमा में थोड़ी रोशनी अब भी बाक़ी है

ना कभी देखा है तुम्हें ना रास्ते की खबर है मुझे
मंज़िल तक पहुँचने की चाह मगर अब भी बाक़ी है

यादों और मुलाक़ातों के वह हसीन मंज़र रूह से वाबस्ता हैं अब भी
तेरी धड़कनों से मेरी धड़कनों की दोस्ती अब भी बाक़ी है

मैं हूँ

भाग दौड़ भरी ज़िन्दगी से रोज़ कुछ लम्हे चुराता हूँ
मैं घर हूँ मुझे ठहराना आता है

चलते हुए राही के कदमों से मंज़िल चुनता हूँ
मैं रास्ता हूँ मुझे चलना आता है

आँसुओं से पिरो के रिश्तों की माला सँवारता हूँ
मैं दिल हूँ मुझे बहलना आता है

मस्जिद में सजदे तो कभी मंदिर की सीढ़ियों पे झुकता हूँ
मैं साक़ी हूँ मुझे बहकना आता है

शब्दों में उलझे मानो को सुलझाता हूँ सँवारता हूँ
मैं शायर हूँ मुझे समझ मे आता है

आज बहुत याद आए तुम

आज बहुत याद आए तुम, दिन था वो तुम्हारा
तुम्हारी हर याद को फिर से सजाया, दिन था वो तुम्हारा

इस साल कुछ बहुत अजीब सा हुआ
कुछ दोस्त चल बसे और कुछ दोस्ती के काबिल ना रहे

हम प्यार जिन्हें करते थे वो ख़ुदा के पास जा बैठे
जो ज़मीन पर रहे वो ज़मीन के काबिल ना रहे

यादों के समंदर में हर रोज़ इक लहर सी उठती है
वो जो साहिल पे रहे समंदरों के काबिल ना रहे

वादा फ़रोशी कर के तुम हम से बेवफ़ा क्यों हुए
वो जो बेवफ़ा ना हुए वफ़ा के काबिल भी ना रहे

कामिल हो गया है तू तो ख़ुदा को पा के ए मेरे दोस्त
ख़ुद से दूर हम तो तेरी दोस्ती के भी काबिल ना रहे

तेरा चेहरा अब भी नुमायाँ होता है रास्तों में मंज़िलों पे भी
सपनों की पगडंडियों पे चलते रोशनी के भी काबिल ना रहे

कामिल means complete

ज़िन्दगी..... अभी बाक़ी है

अभी खुल के देखा कहाँ है तुझे ए ज़िन्दगी
तुझे नींद से जगाना तो अभी बाक़ी है

अब तक तो तुझे सपनों के चिलमन में ही ढके देखा है
मील के पत्थर को तो हाथ लगाना अभी बाक़ी है

उन हसीन ज़ुल्फ़ों के साये में कभी होश गवाते हुए देखा है
तेरे दर पे आके ऐ साक़ी होश में आना अभी बाक़ी है

बहके हुए हाथों को कभी तस्वीरों से रंग चुराते देखा है
आकाश के कैनवास पे परिंदों को सजाना अभी बाक़ी है

सफ़र तो ख़त्म होगा कभी इसी आस में कदमों को बढ़ते देखा है
रस्ते पे रुक के सितारों को गिनना अभी बाक़ी है

उन उलझे से किरदारों को कभी आईने बदलते देखा है
इस कफ़स की सुलगती शमा को जलने का सबब सिखाना अभी
बाक़ी है

ख़ूनाब में अल्फ़ाज़ भिगो कर कभी पन्नों को भरते देखा है
समंदर की सीली धरती पे एक अफ़साना लिखना अभी बाक़ी है

हसद में लिपटे मुश्त-ए-ख़ाक को कभी उस पार उतरते देखा है
काग़ज़ की कश्ती को बारिश में पार लगाना अभी बाक़ी है

खूनाब means tears of blood
हसद means envy, jealousy
मुश्त-ए-ख़ाक means आदमी

The Cross

At the crossroads, today, I saw someone standing,
holding a 'Cross'.

I asked "Who are you?"
'Jesus', he answered.

I said, "How come have you come down?"
He cried, "I thought it would be nice down here;
love and peace would heal my wounds;
but, nothing has changed, except,
that now I'm standing, waiting so that someone will
crucify me,
but people are so busy that they don't have time even
to do so"

To be contd........

Maneek Kumar

www.ingramcontent.com/pod-product-compliance
Lightning Source LLC
Chambersburg PA
CBHW021140130726
47988CB00003B/1395